CIP-BRASIL. CATALOGAÇÃO NA FONTE
SINDICATO NACIONAL DOS EDITORES DE LIVROS, RJ

C946

Criança tem cada uma : frases e imagens divertidas dos nossos pequenos notáveis / organização Ana Paula Gomes, Anna Carolina G. de Souza, Raïssa Castro. - Campinas, SP : Verus, 2009.
il.

ISBN 978-85-7686-050-1

1. Crianças - Humor, sátira, etc. 2. Crianças - Linguagem. I. Gomes, Ana Paula. II. Souza, Anna Carolina G. de.

09-1503 CDD: 869.97
CDU: 821.134.3(81)-7

CRIANÇA TEM CADA UMA

Frases e imagens divertidas
dos nossos pequenos notáveis

VERUS editora

Editora
Raïssa Castro

Organização
Ana Paula Gomes
Anna Carolina G. de Souza
Raïssa Castro

Capa & Projeto Gráfico
André S. Tavares Silva

Verus Editora
Rua Benedicto Aristides Ribeiro, 55
Jd. Santa Genebra II - 13084-753
Campinas/SP - Brasil
Fone/Fax: (19) 3249-0001
verus@veruseditora.com.br
www.veruseditora.com.br

A criança que fui chora na estrada.
Deixei-a ali quando vim ser quem sou;
Mas hoje, vendo que o que sou é nada,
Quero ir buscar quem fui onde ficou.

Ah, como hei-de encontrá-lo? Quem errou
A vinda tem a regressão errada.
Já não sei de onde vim nem onde estou.
De o não saber, minha alma está parada.

Se ao menos atingir neste lugar
Um alto monte, de onde possa enfim
O que esqueci, olhando-o, relembrar,

Na ausência, ao menos, saberei de mim,
E, ao ver-me tal qual fui ao longe, achar
Em mim um pouco de quando era assim.

Fernando Pessoa

A criança que pensa em fadas e acredita nas fadas
Age como um deus doente, mas como um deus.
Porque embora afirme que existe o que não existe
Sabe como é que as cousas existem, que é existindo,
Sabe que existir existe e não se explica,
Sabe que não há razão nenhuma para nada existir,
Sabe que ser é estar em algum ponto
Só não sabe que o pensamento não é um ponto qualquer.

Alberto Caeiro

AGRADECIMENTOS

A Verus Editora agradece de maneira especial a Cristina Mattoso e Deyse Campos, que gentilmente autorizaram o uso de algumas falas aqui presentes.

Agradecemos ainda aos pais das crianças cujas falas aparecem neste livro: Bel Andreucci, Cristina Mattoso, Jacira Cardoso, Johanna Steverlynck, Lair Coimbra Massei, Lenir dos Santos, Leyla Mattoso, Liris Azevedo, Marcelo Brinholli, Maria Cecilia Borges, Maria Cecilia Gomara de Oliveira, Maria Teresa A. L. Senise, Marilia Marcondes, Marisa Ferri, Patricia Mattoso, Raquel Tilkian, Rosângela da Cruz Leandro Gera, Rose Moro e Tereza Dalva Nascimento.

INTRODUÇÃO

Criança é uma palavra que carrega tanto lirismo e nostalgia que, ao ouvi-la, não há como não ser remetido à vivência ou, ao menos, à lembrança de um momento na vida quando tudo era possível, principalmente quando era possível ter a mente esvaziada de nossas "adultices" e, assim, simplesmente e sem esforço conseguir apenas não pensar. Quando era permitido falar espontaneamente sobre nossa curta e, no entanto, rica visão do mundo. Quando era possível escancarar para os adultos nossa sinceridade sem constrangimento e sem receio.

Não há problemas de comunicação para as crianças. Esse "diagnóstico" é utilizado pelos adultos para justificar sua confusão interior. Quando um adulto não consegue se comunicar com uma criança, infalivelmente ele está distante da simplicidade da vida. Mas a criança... a criança não se confunde. Ela sabe coisas sobre o universo que nem sequer imaginamos, ou melhor, que nem sequer imaginamos mais, porque estamos muito distantes dessa criança que ainda carregamos em nossas entranhas. Não mais a geramos ou a trazemos à luz em meio ao circo diário que armamos e ao qual chamamos "vida".

Dentro da vida, perdidos em nossas escolhas confusas e adultas, vamos tocando nosso dia a dia... E como são raros os momentos em que podemos dedicar nosso tempo para conversar filosoficamente com uma criança de 5 anos! Mais raro ainda é darmos voz à criança que vive esquecida em nossas lembranças!

Este livro – absolutamente encantador – é uma das grandes chances que a vida nos apresenta para resgatarmos nossa criança interior.

Impossível não sorrir a cada página diante dos comentários espontâneos das crianças e das fotos que os acompanham.

Impossível não querer encontrar em casa, na rua, no trabalho, no parque, essa criança que nos faça ser menos casmurros.

Impossível não experimentar um sentimento terno de saudade da criança que um dia fomos.

Impossível deixar de ter certeza de que um dia não tivemos dúvidas. Nesse dia, sabíamos que o Nada existia, enquanto o Tudo era apenas um faz de conta. E, como diz o poeta, naquele único e mágico momento de nossas vidas, sabíamos que não havia explicação para essas Coisas que existem e nem sequer estávamos interessados em buscar explicação para nada. Mas sabíamos também que as Coisas existem apenas porque estão existindo; e que não há razão alguma para que não existam.

Portanto, caro leitor, uma das poucas certezas que temos na vida é de que um dia fomos crianças – e nesse dia sabíamos das Coisas!... Este livro é uma das mais ricas oportunidades que chega a suas mãos para que você possa resgatar a criança que um dia você foi e que habita em seu divã mental. Devolva à sua criança seus olhos roubados, para que possam folhear estas páginas como as crianças folheiam seus livros prediletos: brincando, sorrindo e sendo apenas e simplesmente felizes!

❍ ❍ ❍

Todas as falas espirituosas que você vai ler nas próximas páginas foram realmente ditas por crianças e registradas por seus pais, tios, avós, professores. Elas revelam a singular percepção infantil sobre o mundo e as coisas dos adultos.

Não deixe de registrar as falas interessantes, perspicazes, engraçadas, intuitivas, poéticas, até mesmo filosóficas, ditas por seu filho ou sua filha. No fim deste livro, reservamos um espaço para que você possa anotar algumas dessas falas e, se quiser, colar fotografias de seu pequeno notável.

Caso queira compartilhar as falas de sua criança conosco, por favor escreva para: verus@veruseditora.com.br.

CRIANÇA TEM CADA UMA

A notícia foi dada cedo demais. A princípio, o garoto ficou entusiasmado porque ia ganhar um irmãozinho. Mas depois começou a desanimar, porque estava demorando muito. Um dia a professora percebeu que ele deixou de falar no assunto e começou a ficar calado e triste. Quando ela resolveu perguntar o que tinha acontecido, ele respondeu, queixoso:

– Não vai mais nascê nenê. Minha mãe engoliu ele.

João Pedro, quando se deu conta de que o avô era surdo de um ouvido, comentou animado:

– Já sei por que você é tão inteligente. É porque as palavras entram por um lado e não saem pelo outro. Ficam TODAS dentro da sua cabeça!

A babá estava doente e a mãe disse para as duas filhas:

– Entrem no carro que vamos levar a babá ao posto.

– Se pusé gasolina ela sara, mamãe?

O menino visitava a fazenda pela primeira vez. De manhã, todos foram ao lugar onde se fazia a ordenha das vacas, o leite jorrando espumante das tetas do animal. Todos beberam do leite quente. Chegada a vez do menino, ele recusou o copo e se pôs a chorar:

– Não quero tomá leite de bicho. Quero tomá leite de saquinho!

A família estava no carro quando Rodrigo resolveu que ia dar seus brinquedos para as crianças pobres. Os pais perguntaram se ele ia dar os brinquedos novos ou os velhos. O menino ficou olhando para eles por um momento e perguntou:

– Minha irmã Paulinha é novo ou velho?

Enquanto assistia à televisão, Artur perguntou para a mãe:

– Mamãe, pode vendê frango doente?

– Claro que não, filho!

E ele avisou, intrigado:

– Mas tão vendendo frango resfriado aqui na televisão!

A tia está lendo um livro e Aurélien quer saber:

– Tia, o que você tá fazendo?

– Estou lendo.

– Mas eu não tô te escutando.

– É porque eu estou lendo mentalmente.

Aurélien então se aproxima da tia e encosta o ouvido na cabeça dela. Intrigada, ela pergunta:

– E o que você está fazendo?

– Te escutando!

Ao ver um sagui no zoológico, a criança observa:

– Mãe, esse macaquinho tá assado. Tá precisando botá um talquinho nele!

Sempre incentivada a evitar doces, comer vegetais, arroz integral e tomar suco em vez de refrigerante, a garotinha, desanimada, pergunta:

– Mãe, é possível trocá de mãe?

– Por quê, filha? Você quer me trocar?

– Ah, mãe, eu queria tanto uma mãe que deixasse eu comê açúcar branco!

A mãe diz à filha:

– Manon, se você não me escutar, vou pedir para o Papai Noel te trazer orelhas novas em vez de presentes no Natal.

– Mas pede pra ele trazê orelhas com brincos!

João Pedro, querendo tomar banho de piscina, foi desencorajado porque estava fazendo muito frio.

– É mesmo, tá um sol de lã.

Quando Guido sugeriu a Andrea que contasse carneirinhos para pegar no sono, ela respondeu:

– Não consigo, Guido! Quando eu vou contá, eles fogem!

Duas crianças conversavam na aula de artes:

– Você um dia qué casá?

– Eu quero!

– E qué tê filho?

– Eu quero!

– Eu não, porque filho dá muuuuito trabalho!

A mãe está recebendo um grupo de velhas amigas. Chega o Kiko e vai se sentando no colo dela para escutar a conversa, que gira em torno de uma delas, cujo sobrenome antes de se casar era Lobo:

– A Ercília era Lobo quando solteira, não era? – pergunta uma amiga para outra.

– Era sim.

Kiko vira-se assustadíssimo para a mãe e pergunta:

– Mamãe, quem que era lobo?

Diante da gargalhada geral, ele, aflito, segura o rosto da mãe com as duas mãozinhas e insiste, quase chorando:

– Mamãe... QUAL QUE ERA LOBO?

Acostumada com a irmã, que era igual a ela, a menina, ao ver seu irmãozinho nu, se apavora e comenta com a mãe:

– Mamãe, o neném, meu irmãozinho, nasceu com um rabinho!

Acostumado a morar em apartamento, Tomás comenta, ao ver a tia arrancando cenouras de um canteiro na horta:

– Tia, você guarda suas cenouras num lugar gozado! Em casa a gente guarda na geladeira.

Quando Pedro Lucas diz alguma coisa e os pais perguntam onde foi que aprendeu, o menino responde:

– Ninguém me ensinou. Foi o meu penso que disse.

Kid-E-Kan

Cansado de tanto ter que obedecer, o menininho perguntou, impaciente:

– Mamãe, até quando a gente é filho?

A tia perguntou a Clara:

– Com que mão você desenha na escola?

A menina não teve dúvida:

– Com a minha.

Marisa foi fumar na varanda, quando chegou Thaís e começou a andar sobre a mureta. Assustada, ela avisou:

– Thaís, para de andar aí que você pode cair!

E a menina respondeu, atrevida, ainda se equilibrando sobre a mureta estreita:

– E você para de fumá que você pode morrê!

Frederico:

– Mamãe, aqui no Brasil não vem inglaterrano? Eu só vejo americano...

— Mamãe, você tem coragem de ir naquela casa com telhado cinza e falá com a mulhé se eu posso falá com o menininho que mora lá?

Antes mesmo que a mãe respondesse, a garotinha explicou:

– Sabe, mãe, quem não tem coragem, o coração pula!

Ao ser apresentada a um amigo do pai, muito gago, Fernanda pergunta:

– Mamãe, por que ele fala com eco?

A mãe deu um quebra-cabeça para cada filho. Veridiana ficou muito interessada. Colocou as peças numa bandeja e pacientemente montava um pouco a cada dia. Vendo o interesse da irmã, Thiago abriu sua caixa, examinou bem as peças e disse, impaciente:

– Ah, eu não vou perdê o meu tempo com isso não. Eles que fizeram que montem!

Martha ouvia as primas contando que tinham pegado onda na praia. Um dia, à noite, todo mundo queria que ela entrasse na água, porque era a única que ainda não havia tomado banho de mar. Como Raquel era uma prima confiável, Martha lhe perguntou, baixinho:

– Mas não tem perigo de tê esses jacarés que vocês ficam pegando durante o dia?

O garotinho, depois de abrir os presentes de Natal, comentou desanimado:

– Eu só ganhei pano!

Gabriel tinha um amigo invisível inseparável. Um dia, durante o recreio, a professora avisou que ele não poderia ficar conversando com esse amigo durante a aula. Antes de entrarem na classe, ela viu o garoto avisar o tal amigo:

– Agora você espera do lado de fora, porque a professora tá brava e não qué que você fique conversando comigo lá dentro.

Ao viajar com a mãe pelo interior da Paraíba, Maria Sílvia, animada, mostra uma cabra:

– Mamãe, olha um cachorro com chifre!

Playstation é o nome de um videogame. João Pedro, que tanto tinha pedido para ganhar uma irmãzinha, um dia perguntou:

– Mamãe, irmã é meio chata, só chora e mama! Dá pra trocá por um Playstation?

ONE DOLLAR

Fátima serviu peixe no almoço, e o garoto disse que não queria comer. Quando ela perguntou por quê, ele respondeu que não queria chegar perto do peixe, pois tinha medo de ser mordido. A mãe, muito compreensiva, mas olhando a situação com olhos de adulto, explicou que o peixe não poderia mordê-lo, porque tinha sido pescado, empanado e frito e, portanto, estava morto.

O garoto respondeu sem titubear:

– Mas... e se ele tivé fingindo?

Cristina, inconsolável por ter recebido cortado ao meio o pãozinho que sempre recebia inteiro, animou-se de repente e disse:

– Não faz mal, papai conserta – e foi deixá-lo junto com as ferramentas para o pai consertar.

Vítor:

– Mamãe, vamo nadá? Quando a gente nada, o sol fica contente!

O mágico, antes de concluir sua apresentação, fala para as crianças que falta uma coisa: a palavrinha mágica. As crianças rapidamente gritam:

– Por favorrrr!!!

Laura adorava ir à casa de uma vizinha que tinha piano e lhe ensinava as notas musicais. Um dia, a menina se machucou e a mãe falou sem pensar:

– Ah! Que dó, Laura!

Ao que ela respondeu:

– Ah! Que ré, mamãe!

ESPAÇO PARA ANOTAR A FALA DA SUA CRIANÇA

ESPAÇO PARA A FOTO DA SUA CRIANÇA

ESPAÇO PARA ANOTAR A FALA DA SUA CRIANÇA

ESPAÇO PARA A FOTO DA SUA CRIANÇA

ESPAÇO PARA ANOTAR A FALA DA SUA CRIANÇA

ESPAÇO PARA A FOTO DA SUA CRIANÇA